Leselöwen

Geschichten von Detektiven und Spürnasen

Loewe

Bibliografische Information Der Deutschen Bibliothek
Die Deutsche Bibliothek verzeichnet diese Publikation in der Deutschen Nationalbibliografie; detaillierte bibliografische Daten sind im Internet über *http://dnb.ddb.de* abrufbar.

Der Umwelt zuliebe ist dieses Buch auf chlorfrei gebleichtem Papier gedruckt.

ISBN 3-7855-5520-2 – 1. Auflage 2005

Als Einzelbände bereits beim Verlag erschienen:
Leselöwen-Detektivgeschichten
Leselöwen-Krimigeschichten
Umschlagillustration: Wilfried Gebhard
Reihenlogo: Angelika Stubner
Reihengestaltung: Andreas Henze

www.loewe-verlag.de

10 Jahre Loewe Leseleiter

Das Erfolgskonzept
zum Lesenlernen

ZEITUNG

Inhalt

Detektivgeschichten

Krimigeschichten

Manfred Mai

Detektivgeschichten

Mit Zeichnungen von Wilfried Gebhard

36
30
8
FZ

Meisterdetektive

Axel sitzt allein vor dem Fernseher und schaut die siebte Folge von „Kalle Blomquist“ an.

Als der Meisterdetektiv dem Dieb eine Falle stellt, kommt Axels Schwester Antonia ins Wohnzimmer. „He, Axel! Im Freibad hat heute jemand aus vier Schließfächern Geld und Klamotten geklaut. Sogar die Polizei war da. Aber sie haben nichts herausgefunden.“

Axel guckt seine Schwester zweifelnd an. „Wie soll jemand vier Schließfächer aufbrechen, ohne dass es einer merkt?“

„Das ist ja das Eigenartige. Sie wurden gar nicht aufgebrochen. An den Türen und Schlössern war nicht der kleinste Kratzer. Aber als die Leute ihre Fächer aufgeschlossen haben, waren sie leer." Antonia grinst. „Wäre das nicht ein Fall für dich, du großer Detektiv?"

Darauf gibt Axel keine Antwort. Er geht zum Telefon, ruft seinen Freund Kevin an und schildert ihm den Fall. „Also bis gleich“, sagt er. „Und vergiss deine Dauerkarte nicht!“

Zehn Minuten später treffen sich die beiden an der Kasse. Sie zeigen ihre Dauerkarten und gehen am Kiosk vorbei zu den Schließfächern. Dort sehen sie sofort, dass tatsächlich keines aufgebrochen wurde.

„Der Täter hatte die Schlüssel für die Fächer“, stellt Axel fest.

„Die hat er den Leuten bestimmt gestohlen“, vermutet Kevin.

Axel schüttelt den Kopf. „Dann hätte er die Schlüssel ja wieder zurückgeben müssen, nachdem er die Fächer ausgeräumt hat.“

Kevin schlägt sich mit der Hand gegen die Stirn. „Mist, daran hab ich nicht gedacht. Aber irgendwie muss er sich die Schlüssel doch besorgt haben.“

„Die Leute hatten ihre Schlüssel“, überlegt Axel laut. „Der Täter hatte auch passende Schlüssel. Aber woher?“

Plötzlich leuchten Kevins Augen. „Vielleicht hat der Bademeister Zweitschlüssel.“

„Hm“, macht Axel. „Das könnte sein. Dann wäre er der erste Verdächtige.“

„Das müssen wir der Polizei sagen“, meint Kevin.

„Gar nichts müssen wir“, widerspricht Axel und versucht vergeblich, einen Schlüssel aus dem Schloss zu ziehen. „Hast du mal ’nen Euro?“

Kevin gibt ihm einen. „Den will ich aber wiederhaben.“

Axel wirft den Euro in den Geldschlitz, dreht den Schlüssel herum und zieht ihn ab.

„Und jetzt?“, fragt Kevin.

Axel schaut den Schlüssel in seiner Hand an. „Ich glaube, ich hab’s“, murmelt er. „Wenn man den Schlüssel in die Tasche steckt und hinausgeht, merkt es kein Mensch. Im Supermarkt gibt es einen Mann, der Nachschlüssel machen kann. Dann muss man hinterher nur den richtigen Schlüssel wieder zurückbringen, und schon kann man sich jederzeit bedienen."

„Genial", sagt Kevin und holt seinen Euro wieder aus dem Schließfach.

„Entweder hat der Täter Nachschlüssel machen lassen, oder der Bademeister war's", fasst Axel zusammen. „Jetzt müssen wir uns nur auf die Lauer legen und sehen, wer mehrere Schließfächer öffnet."

Sie tun so, als würden sie sich sonnen, lassen die Schließfächer aber nicht aus

den Augen. Nach einer halben Stunde fällt ihnen ein junger Mann mit einer großen Badetasche auf. Er öffnet ein Schließfach, schaut hinein und schließt es wieder. Dann geht er ein paar Schritte weiter und öffnet noch ein Schließfach.

„Das ist er“, flüstert Axel. „Hol schnell den Bademeister!“

Kevin rennt los.

Der junge Mann wühlt in den Sachen herum, steckt einiges in seine Badetasche und geht zum nächsten Schließ-

fach. Axel tritt von einem Bein aufs andere und hält sehnsüchtig nach dem Bademeister Ausschau.

Gerade als der Dieb das vierte Schließfach öffnen will, kommt Kevin mit dem Bademeister und einem Helfer angelaufen.

„Da ist er!“, ruft Axel und zeigt auf den Dieb.

„Was machen Sie denn da?“, fragt der Bademeister.

Der Dieb fährt blitzschnell herum und

will flüchten. Zu spät! Der Bademeister und sein Helfer stehen schon im Weg.

„Ich … ich will meine Sachen aus dem Schließfach holen“, lügt der Dieb, um Zeit zu gewinnen.

„Er hat Nachschlüssel“, sagt Axel.

„Der Junge spinnt!“, ruft der Dieb.

„Lassen Sie mich den Schlüssel mal sehen“, verlangt der Bademeister.

Plötzlich rennt der Dieb los, zwischen dem Bademeister und seinem Helfer hindurch. Aber er kommt nicht weit. Ein paar Männer packen ihn und halten ihn fest.

Der Bademeister ruft die Polizei, die wenig später eintrifft. Axel und Kevin erzählen, wie sie dem Dieb auf die Spur gekommen sind.

Die Polizisten können es kaum glauben. „Alle Achtung, Jungs, das war wirklich eine Meisterleistung“, werden Axel und Kevin gelobt. „Von euch könnte sogar Kalle Blomquist noch was lernen.“

Wer war's?

Lena sitzt seit einer Stunde über ihren Schulaufgaben. Jetzt legt sie den Füller weg und reckt und streckt sich. Dann steht sie auf, geht in die Küche und öffnet den Kühlschrank.

„Wo ist er denn?“, murmelt sie vor sich hin, nimmt die Wurstbox heraus und schiebt die Marmeladengläser zur Seite. „Das gibt's doch nicht“, sagt sie, dreht sich um und ruft in den Flur: „Wer hat meinen Jogurt gegessen?“

„Ich nicht“, kommt Florians Antwort aus dem Wohnzimmer.

Lena stößt die Tür auf.

„Ich auch nicht“, sagt Stefanie. „Ich kann den Kühlschrank ja gar nicht allein aufmachen.“

„Ihr lügt!“, ruft Lena wütend. „Immer klaut ihr meinen Lieblingsjogurt, und nie wollt ihr es gewesen sein!“

„Ich mag sowieso keinen Erdbeerjogurt“, sagt Florian. „Den kannst du allein essen.“

Lena lässt die beiden in Ruhe und läuft die Treppe hoch in Philipps Zimmer. „Du hast meinen Jogurt gegessen!“, beschuldigt sie ihn.

„Du spinnst wohl!“, ruft Philipp. „Hier einfach so reinzuplatzen.“

„Gib’s zu!“, fällt ihm Lena ins Wort.

„Ich gebe gar nichts zu“, sagt Philipp. „Und jetzt verschwinde, sonst …“ Er nimmt ein Buch und droht, damit zu werfen.

Lena knallt die Tür zu und geht in ihr Zimmer. „Ich krieg es schon noch raus“, murmelt sie, wirft sich auf ihr Bett und überlegt, wie sie den Täter oder die Täterin überführen könnte.

Nach einer Weile schnippt sie mit den Fingern und grinst. „Das ist es!“ Sie steht auf, zieht ihre Schuhe an, macht sich auf den Weg in den Supermarkt und kauft einen Erdbeerjogurt.

Zu Hause öffnet sie den Becher ganz vorsichtig, isst etwas mehr als die Hälfte und kippt den Rest auf einen Teller. Dann schüttet sie Ketschup und Senf in den Becher, gibt Mehl und viel Pfeffer dazu und rührt alles gut durch. Weil die Pampe viel zu rot ist, wirft Lena nochmal zwei Löffel Mehl hinein. Obendrauf streicht sie eine dünne Schicht Jogurt, damit es richtig echt aussieht. Zum Schluss klebt

sie den Deckel wieder zu und stellt den Becher in den Kühlschrank. Dann verzieht sie sich in ihr Zimmer, lässt die Tür jedoch ein Stück offen, um besser zu hören, was draußen passiert. Aber bis zum Abend passiert gar nichts.

Auch am nächsten Tag braucht Lena viel Geduld.

Erst, als sie schon im Bett liegt, hört sie unten jemanden „Pfui Teufel!“ rufen. Mit einem Satz ist sie aus dem Bett, saust die Treppe hinunter und in die Küche. Dort steht Papa über das Spülbecken gebeugt und spuckt Lenas Pampe aus.

„Du warst es“, stellt Lena überrascht fest.

Papa hustet. „Was war ich?“

„Was ist denn los?“, fragt Mama, die aus dem Wohnzimmer kommt.

„Papa hat meinen Lieblingsjogurt gegessen und …“

„Lieblingsjogurt?“, fällt Papa Lena ins

Wort. „Ein Teufelsfraß ist das. Ich werde die Firma anzeigen, die diesen Dreck hergestellt hat." Anklagend hält er den Becher hoch.

Jetzt kommen auch Philipp, Stefanie und Florian angetrottet.

„Was ist denn hier für ein Lärm?“, fragt Philipp und gähnt.

„Wie sollen wir denn da schlafen?“, beschwert sich Stefanie.

„Papa hat etwas Schlechtes gegessen“, erklärt Mama den Kindern.

„Etwas Schlechtes!“, sagt Papa und hält ihr den Becher unter die Nase. „Damit kann man einen Ochsen vergiften!“

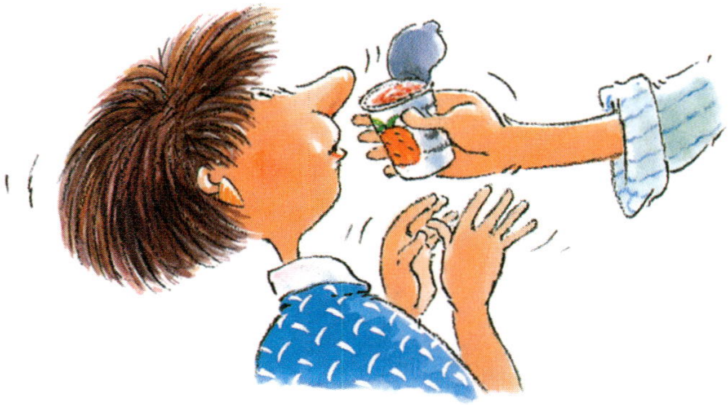

Mama schnüffelt in den Becher. „Riecht irgendwie nach Ketschup.“

„Das war ich“, murmelt Lena.

„Was warst du?“, fragt Papa.

Da erzählt Lena die ganze Geschichte. Am Ende sagt sie: „Und jetzt weiß ich, dass du immer meinen Lieblingsjogurt wegisst."

Mama kann sich ein Grinsen nicht verkneifen.

Papa schüttelt den Kopf. Dabei zieht ein Lächeln über sein Gesicht. „Du bist ja ein ganz schlaues Mädchen", lobt er Lena. „Wenn du groß bist, musst du unbedingt Detektivin werden."

Keine schöne Überraschung

Mama hat Geburtstag. Familie Koller fährt ins „Gasthaus zur Sonne" zum Mittagessen.

Die neunjährige Saskia freut sich schon darauf, ihr sechzehnjähriger Bruder Stefan nicht.

Er macht nicht gern „auf Familie", wie er das nennt. Aber an Mamas Geburtstag will er kein Spielverderber sein und kommt mit.

Das Gasthaus ist gut besucht. Familie Koller setzt sich an den letzten freien Tisch. Zum Glück bringt eine Bedienung gleich die Speisekarten und schreibt auf, was die Kollers trinken wollen.

Saskia muss mal, und Mama geht mit zum Händewaschen. Als sie zurückkommen, stehen die Getränke schon auf dem Tisch.

Papa hebt sein Glas. „Auf eure Mama", sagt er.

Alle nehmen ihr Glas und stoßen miteinander an.

Während sie auf das Essen warten, baut Papa mit Saskia ein Bierdeckelhaus. Mama schaut ihnen zu, und Stefan beobachtet die Leute.

„Mein Ring!", sagt Mama plötzlich. „Ich hab ihn auf dem Waschbecken liegen lassen." Sie steht auf und geht schnell zur Toilette. Wenig später kommt sie zurück und schüttelt den Kopf. „Er ist nicht mehr da." Sie ist den Tränen nahe.

„Der neue Ring, den Papa dir heute zum Geburtstag geschenkt hat?", fragt Saskia.

Mama nickt. „Ich wollte nicht, dass Seife drankommt, weil …"

„Aber der Ring ist doch aus echtem Silber", sagt Papa. „Dem schadet das bisschen Seifenwasser nichts."

„Eine von denen hat ihn", murmelt Stefan.

„Wie bitte?", fragt Papa.

„Die blonde Frau dort vorne, die Rothaarige neben der Tür und die mit der

weißen Bluse am Fenster waren nach Mama auf dem Klo", erklärt Stefan. „Wenn der Ring nicht mehr da ist, muss ihn eine von ihnen weggenommen haben."

„Das kannst du doch nicht einfach behaupten", sagt Papa.

„Doch." Stefan steht auf und geht zu der blonden Frau. „Mein Name ist Stefan Koller, ich bin Privatdetektiv und habe eine Frage."

Die Frau guckt Stefan mit offenem Mund und großen Augen an.

„Sie waren vorhin auf der Toilette. Haben Sie da einen Ring auf dem Waschbecken liegen sehen?"

„Ich … äh … ja, da lag ein Ring", stammelt die Frau.

„Und?", fragt Stefan.

„Was und?"

„Was haben Sie mit dem Ring gemacht?" Stefan lässt nicht locker.

„Nichts."

„Sie haben ihn also liegen lassen?"
Die Frau nickt. „Selbstverständlich. Oder glauben Sie etwa, ich hätte den Ring weggenommen?"

„Ich glaube gar nichts“, antwortet Stefan ruhig. „Vielen Dank für Ihre Auskunft.“ Er geht weiter zu der rothaarigen Frau und stellt ihr die gleiche Frage.

„Ich habe keinen Ring gesehen“, sagt die Frau barsch.

„Aber …“

„Zieh Leine, Bürschchen, und lass meine Frau in Ruhe!“, zischt der Mann.

Stefan geht einfach weiter und stellt sich der Frau am Fenster vor.

„Privatdetektiv“, wiederholt sie ungläubig. „Dafür scheinen Sie mir ein bisschen jung zu sein.“

„Ich bin noch in der Ausbildung“, sagt Stefan.

„Ach, und jetzt wollen Sie an mir etwas ausprobieren, was?“

„Nein, ich habe nur eine Frage“, antwortet Stefan. „Haben Sie vorhin auf dem Waschbecken in der Toilette einen Ring liegen sehen?“

„Einen Ring?“, fragt die Frau zurück.

Stefan nickt. „Es ist nämlich einer verschwunden."

Die Frau zeigt Stefan beide Hände. „Nein. Wie Sie sehen, habe ich an jedem Finger einen. Zu denen würde ein silberner überhaupt nicht passen. Und jetzt verschonen Sie mich bitte mit Ihren Kindereien, sonst rufe ich den Wirt."

„Vielen Dank für die Auskunft", sagt Stefan freundlich und geht zu seiner Familie zurück.

„Die Leute schauen schon", flüstert Mama, der die ganze Sache peinlich ist.

„Das macht doch nichts“, sagt Stefan. „Ich weiß jetzt, welche Frau deinen Ring geklaut hat.“

„Echt?“, fragt Saskia und guckt ihren großen Bruder voller Bewunderung an. „Dann musst du sie verhaften.“

Stefan lacht. „Das darf ich leider nicht, das darf nur die Polizei. Und die rufe ich jetzt an.“

„Bist du auch sicher?“, fragt Papa.

„Ganz sicher“, antwortet Stefan und geht zum Telefon.

Karola Köpfchen

Hallo!

Ja, du!

Genau dich meine ich.

Du brauchst dich nicht umzuschauen, du wirst mich nämlich nicht sehen.

Darf ich mich vorstellen? Mein Name ist Karola Köpfchen. Ich bin Detektivin.

Was, du hast noch nie etwas von mir gehört? Na, das ist ja ein starkes Stück!

Dann muss ich dir gleich von meinem letzten Fall erzählen, damit du weißt, mit wem du es zu tun hast.

Also, hör zu! Gestern Nachmittag lag ich im Liegestuhl hinter dem Haus, um mich von meinem vorletzten Fall zu erholen. Da hörte ich auf der Straße jemanden schimpfen: „Verdammt nochmal! Hier muss er doch irgendwo liegen!"

Das war Sabines Stimme. Sabine ist eine richtige Nervensäge. Jeden Tag verliert sie mindestens zehnmal etwas, und ich soll es dann wieder finden. Dabei hat eine große Detektivin wie ich dafür überhaupt keine Zeit. Deswegen schloss ich die Augen und stellte mich schlafend.

Aber Nervensägen wie Sabine nehmen keine Rücksicht darauf, dass große Detektivinnen sich nach einem anstrengenden Fall erholen müssen.

„He, Karola! Kannst du mir mal suchen helfen?"

Suchen helfen – wenn ich das schon höre! Eine Detektivin sucht nicht, sie ermittelt. Aber das wird Sabine nie begreifen.

„Karola, wach auf!“ Sabine rüttelte mich heftig am Arm.

„Was ist denn?“, fragte ich verschlafen.

„Ich habe meinen Wohnungsschlüssel verloren“, antwortete Sabine.

Ich schaute auf die Uhr. Falls ich den Fall übernehmen würde, musste ich ja wissen, wie lange ich brauchte, um ihn zu lösen.

„Wo?“, fragte ich.

„Was wo?“, fragte sie zurück.

„Wo du ihn verloren hast.“

„Wenn ich das wüsste, hätte ich ihn schon wieder gefunden."

Da hatte Sabine ausnahmsweise mal Recht. „Tut mir Leid", sagte ich, „aber ich habe keine Zeit."

Sabine zog eine Tüte Gummibärchen aus der Tasche. „Wenn du ihn findest, bekommst du die Hälfte davon."

Diese Nervensäge kennt meine einzige schwache Stelle.

„Also gut, ich übernehme den Fall. Aber ich will zehn Gummibärchen als Anzahlung."

Sabine war einverstanden.

„Erste Frage", sagte ich. „Gibt es einen Ersatzschlüssel?"

Sabine nickte.

„Dann nimm doch den", schlug ich vor.

Sabine verdrehte die Augen, als würde sie gleich in Ohnmacht fallen. „Den hab ich doch nicht bei mir, der hängt am Schlüsselbrett in der Wohnung."

„So was Dummes, da nützt er doch gar

nichts“, sagte ich und schüttelte mein Köpfchen. „Zweite Frage: Hat sonst noch jemand einen Schlüssel für die Wohnung?“

„Meine Mama natürlich.“

„Warum holst du ihn dann nicht bei ihr?“, fragte ich und steckte ein rotes Gummibärchen in den Mund.

„Weil Mama im Büro ist“, antwortete Sabine. „Und ich muss vor ihr zu Hause sein und den Abendbrottisch decken.“

„Dritte Frage: Wann hast du den Schlüssel zuletzt gehabt?“

Sabine überlegte. „Als ich aus der Wohnung ging, um Brot zu kaufen, glaube ich.“

„Hast du die Tür abgeschlossen?“

Sabine zuckte mit den Schultern.

„Denk scharf nach!“, forderte ich sie auf und steckte ein gelbes Gummibärchen in den Mund.

Sabine legte die Stirn in Falten. „Nein, ich hab die Tür nicht abgeschlossen, ich hab sie nur zugezogen."

„Aha!"

„Warum ist das denn so wichtig?", wollte Sabine wissen.

„Ich stelle hier die Fragen", antwortete ich. „Vierte Frage: Wohin tust du den Schlüssel, wenn du die Wohnung verlässt?"

„Ich hänge ihn um den Hals." Sabine schaute an sich hinunter. „Aber da hängt er nicht."

Als sie den Kopf wieder hob, entdeckte ich etwas. „Dreh dich mal um!", sagte ich.

„Warum?"

„Du sollst keine Fragen stellen, sondern tun, was ich sage!"

„Du liegst hier auf dem Liegestuhl, futterst meine Gummibärchen und redest dummes Zeug", meckerte Sabine. „Hilf mir lieber endlich suchen!"

Ich schob die restlichen Gummibärchen

auf einmal in den Mund. „Wenn du dich umdrehst, sage ich dir, wo der Schlüssel ist.“

„Du spinnst“, rief Sabine, drehte sich aber trotzdem um.

„Na also, da ist er ja“, triumphierte ich.

„Wo?“, fragte Sabine.

„Direkt hinter dir“, antwortete ich und musste lachen, als Sabine hinter sich auf den Boden schaute. „Nicht auf dem Boden, auf deinem Rücken.“

Es dauerte noch eine Weile, bis Sabine alles begriff. Dann war sie ziemlich

erleichtert. Sie gab mir meinen verdienten Lohn und zog ab.

Ich, die große Detektivin Karola Köpfchen, hatte wieder einen Fall gelöst. In genau viereinhalb Minuten. Und diesmal sogar, ohne vom Liegestuhl aufzustehen. Das soll mir erst mal einer nachmachen.

Wenn du also ein Problem hast und Hilfe brauchst, wende dich an Karola Köpfchen. Das wollte ich dir einfach mal sagen.

Hast du gehört?

Ja, du!

Genau dich meine ich.

Ein geheimnisvoller Mann

Vanessa und Marvin machen mit ihren Eltern Urlaub in einem Sporthotel im Bayerischen Wald. Papa und Mama wollen endlich mal etwas für ihre Gesundheit tun. Sie joggen, klettern auf Berge, plagen sich im Kraftraum, lassen sich massieren und liegen stundenlang in der Sauna oder im Whirlpool. Den finden auch Vanessa und Marvin Spitze. Genauso wie den tollen Swimmingpool. Von allem anderen haben sie schon nach zwei Tagen die Nase voll.

Wenn sich Mama und Papa nach dem Frühstück „ein wenig bewegen“ wollen, bleiben Vanessa und Marvin lieber im Hotel. Dort fällt ihnen ein Mann auf, der sich sehr eigenartig verhält. Bevor er das Zimmer verlässt, streckt er den Kopf heraus und schaut nach allen Seiten. Dann geht er schnell durch den Flur, fährt aber nicht mit dem Lift, sondern nimmt die Treppe. Dabei guckt er sich immer wieder um, als habe er Angst, jemand könnte ihn sehen. Im Erdgeschoss angekommen, schleicht er durch den Hinterausgang zum Parkplatz, wirft etwas in ein Auto und läuft davon.

„Mit dem stimmt doch etwas nicht“, meint Vanessa.

„Ich glaube, der klaut“, sagt Marvin. Das wollen die beiden genau wissen. Sie nehmen sich vor, den geheimnisvollen Mann zu beobachten.

Nach dem Mittagessen legen sich Mama und Papa aufs Ohr. Vanessa und

Marvin legen sich auf die Lauer. Sie lassen die Zimmertür des Mannes nicht aus den Augen. Doch nichts rührt sich – bis die gegenüberliegende Tür sich langsam öffnet und der Kopf des Mannes erscheint. Wieder schleicht er wie ein Dieb aus dem Hotel.

„Der klaut“, flüstert Marvin.

„Los, ihm nach!“, sagt Vanessa. Und schon nehmen sie die Verfolgung auf. Der Mann schleicht wieder zum Auto. Er schaut sich um, zieht den Bademantel

aus, wirft ihn ins Auto und trabt davon. Jetzt fällt den Kindern erst auf, wie dick der Mann ist. Er wählt den kürzesten Weg in den nahen Wald. Vanessa und Marvin bleiben ihm auf den Fersen. Der Mann hechelt, keucht und prustet wie ein Walross. Es dauert auch nicht lange, bis er sich erschöpft auf eine Bank fallen lässt.

Dort ruht er sich eine Weile aus, dann läuft er weiter. Nach einer halben Stunde Waldlauf biegt er wieder auf den Parkplatz ein, holt seinen Bademantel aus dem Auto und verschwindet schnell in seinem Zimmer.

„Komisch“, sagt Vanessa. „Er hat sich mit keinem getroffen, er hat nichts versteckt und auch sonst nichts Verdächtiges getan – außer dass er zwei Zimmer benutzt. Ich glaube nicht, dass er klaut.“

„Warum tut er dann immer so heimlich?“, fragt Marvin.

Vanessa zieht die Schultern hoch.

Am nächsten Tag schleicht der Mann nicht aus dem Haus, sondern zur Sauna. Er guckt zu dem kleinen Fenster hinein und sieht, dass jemand drin ist. Da huscht er weiter zum Kraftraum, lauscht an der Tür und geht hinein.

Vanessa und Marvin folgen ihm auf

leisen Sohlen. Sie sehen, dass er auf dem Rücken liegt und Gewichte hochzieht. Die zwei wollen näher ran. Dabei stößt Marvin gegen den Treter eines Trimmrads.

Der Mann entdeckt die beiden, erschrickt und hält seinen Bademantel schützend vor sich, als wäre er nackt.

„Was wollt ihr hier?“
„Wir ... äh ... wir ...“, stottert Marvin.
„Los, verschwindet!“, ruft der Mann.
Die Kinder verziehen sich schnell. Draußen sagt Vanessa: „Jetzt weiß ich, warum er so komisch tut. Der schämt sich, weil er so dick ist.“
„Meinst du?“, fragt Marvin zweifelnd. „Und was hat er dann gestern in dem anderen Zimmer gemacht?“
Das wird beim Mittagessen klar. Da erzählt die Frau des Mannes einer Tischnachbarin: „Wenn wir in Urlaub fahren, nehmen wir immer zwei Einzelzimmer, weil mein Mann wie ein Wildschwein schnarcht.“
Der dicke Mann muss sich auch sonst noch einiges anhören, was ihm ziemlich peinlich ist. Da tut er Vanessa und Marvin Leid. Ein bisschen schämen sie sich sogar, weil sie ihn einen Dieb genannt haben.

Mister X

Wie jeden Mittwochnachmittag ist Sebastian allein zu Hause. Er muss ein Gedicht aus dem Lesebuch abschreiben und auswendig lernen. Die erste Strophe hat er gerade geschafft, als das Telefon läutet. Sebastian nimmt den Hörer ab und meldet sich. Am anderen Ende der Leitung ist ein Rauschen zu hören.

„Hallo!“, sagt Sebastian.

Nichts. Sebastian hört nur das Rauschen. „Komisch“, murmelt er und legt auf.

Es dauert nicht lange, da läutet das Telefon wieder. Sebastian zögert kurz, dann nimmt er ab und nennt seinen Namen. Am anderen Ende meldet sich niemand.

„Hallo!“, ruft Sebastian. „Wer ist denn da?“

Nichts. Sebastian hört wieder nur das Rauschen. Er will schon auflegen, da sagt eine krächzende Stimme: „Hier spricht Mister X. In einer Stunde werde ich dich holen.“

Sebastian lässt den Hörer fallen und läuft aus der Wohnung, als sei der Teufel hinter ihm her. So schnell ihn seine Beine tragen, rast er zu seinem Freund Manuel. Dort drückt er so lange auf den Klingelknopf, bis Manuels Mutter öffnet.

„Was ist denn passiert?“, fragt sie verwundert.

„Er will mich holen!“

„Wer will dich holen?“, fragt Manuels Mutter.

Sebastian schnieft. „Mister X will mich holen.“

„Was ist mit Mister X?“, fragt Manuel, der gerade aus seinem Zimmer kommt.

Sebastian erzählt ihm und seiner Mutter die ganze Geschichte.

„Das ist garantiert so ein Lausejunge, der dir Angst machen wollte“, sagt Manuels Mutter.

„Den Kerl schnappen wir uns“, ruft Manuel und zieht Sebastian am Arm. „Los, komm mit!“

Die beiden gehen in Manuels Zimmer.

Dort denken sie scharf nach. Genau genommen denkt nur Manuel scharf nach. Dem armen Sebastian sitzt der Schreck noch zu sehr in den Gliedern und im Kopf.

„Dieser Mister X hat gewusst", beginnt Manuel, „dass du allein zu Hause warst. Und woher hat er das gewusst?"

Sebastian zieht die Schultern hoch.

„Er muss dich gut kennen und wissen, dass du mittwochs immer allein zu Hause bist."

„Mich kennen viele", murmelt Sebastian.

„Aber nicht alle", sagt Manuel. „Und alle, die dich nicht kennen, können auch nicht Mister X sein. Klar?"

Das ist sogar dem armen Sebastian klar.

„Und nun zu dem Anruf", fährt Manuel fort. „Hast du keine anderen Stimmen oder verdächtige Geräusche gehört?"

„Stimmen nicht, nur so ein komisches Rauschen", antwortet Sebastian.

„Was war das für ein Rauschen?“

Sebastian versucht, sich genau zu erinnern. „Es hörte sich an wie Wasser.“

„Wie Wasser?“

Sebastian nickt. „Ja, wie ein laufender Wasserhahn oder eine Klospülung, die nicht aufhört.“

Manuels Gehirn arbeitet auf Hochtouren. „Könnte es auch ein Bach gewesen sein?“

„Ein Bach?“ Sebastian überlegt. „Ich glaube schon.“

„Dann wohnt Mister X am Schlossbach“, stellt Manuel fest.

„Meinst du?“, fragt Sebastian.

„Klar.“ Manuel ist sich seiner Sache sicher. „Jetzt müssen wir nur noch herausbekommen, wer am Schlossbach wohnt, dich gut kennt und dir eins auswischen wollte.“

„Ich weiß aber nicht, wer am Schlossbach wohnt“, sagt Sebastian. „Ich weiß nur, dass dort das Hochhaus ist.“

„Die Sabine aus unserer Klasse wohnt am Schlossbach“, sagt Manuel.

„Die war es bestimmt nicht“, meint Sebastian. „Die hat keine so tiefe Krächzerstimme.“

Nach langer Beratung bleiben zwei Jungen aus dem Hochhaus als mögliche Anrufer übrig. Lukas Rogler aus Sebastians und Manuels Klasse und Jörg Huber aus der vierten Klasse.

Sofort laufen Manuel und Sebastian zum Hochhaus, um den Fall zu klären.

„Fällt dir was auf?“, fragt Manuel. „Hier vorne ist der Bach kaum zu hören. Also muss die Wohnung von Mister X nach hinten zum Bach rausgehen. Wir müssen ins Haus und nachsehen, wo Jörg und Lukas wohnen.“

Manuel und Sebastian schleichen zum Eingang. Eben kommt eine Frau heraus, und bevor die Tür wieder zuschnappt,

sind die beiden schon drin. Sie huschen durch das Treppenhaus und lesen die Namensschilder an den Türen. Nur Jörg Huber wohnt im hinteren Teil des Hochhauses.

„Jetzt haben wir ihn", sagt Manuel, als sie wieder unten sind. Er entdeckt Jörgs Fahrrad im Fahrradständer. „Komm, dem lassen wir die Luft aus den Reifen!"

„Und wenn er es gar nicht war?" Sebastian ist sich nicht so sicher wie Manuel.

„Der war's", sagt Manuel. „Und selbst, wenn er es nicht war, lassen wir ihm die Luft raus. Weil er so ein doofer Angeber ist."

„Ich muss aber wissen, ob er es war", murmelt Sebastian.

Da hat Manuel eine Idee. Er läuft zum Eingang und drückt auf die Huber-Klingel.

„Ja, was gibt's?", krächzt Jörgs Stimme aus der Sprechanlage.

„Komm schnell runter, da will einer dein Fahrrad klauen!“, sagt Manuel.

„Ich komme!“

Manuel und Sebastian verstecken sich hinter der großen Mülltonne. Zehn Sekunden später kommt Jörg aus dem Haus gestürzt. Er sieht sein Fahrrad und ist erleichtert.

„Hallo, Mister X!“, ruft Manuel hinter der Mülltonne. Er und Sebastian zeigen sich.

„Wie... wieso ... wieso Mister X?“, stottert Jörg. „Ich bin nicht Mister X.“

„Klar bist du's", sagt Manuel. „Wir haben Beweise."

Jörg schaut sich ängstlich um. „Ich ... ich ... war's nicht. Ich hab nicht angerufen."

Manuel stupst Sebastian an. „Ach, du hast nicht angerufen. Das ist ja interessant. Wo hast du denn nicht angerufen?"

„Bei niemand", sagt Jörg und läuft zurück ins Haus.

„Glaubst du mir jetzt, dass es Jörg war?", fragt Manuel.

„So ein gemeiner Kerl!" Sebastian geht zu Jörgs Rad und lässt aus beiden Reifen die Luft raus.

„Damit wäre der Fall ja gelöst", sagt Manuel.

Meine Fingerabdrücke

Linke Hand

rechte Hand

Werner Färber

Krimigeschichten

Mit Zeichnungen von Dorothea Tust

Geheimnisvolle Post

Sven hat einen Brief ohne Absender bekommen. Als er ihn liest, versteht er kein Wort.

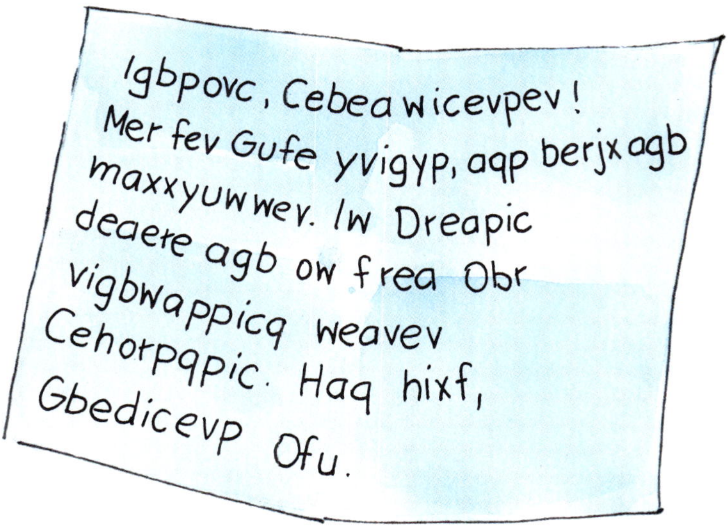

Wer könnte das geschrieben haben? Vielleicht hat der Briefträger den Brief nur falsch eingeworfen. Nein. Kann auch nicht sein. Die Adresse stimmt ja. Was ist das für eine Sprache? Russisch? Sven ruft Lena an. Sie kann Russisch.

„Ich hab einen ganz seltsamen Brief bekommen", sagt Sven.

„So was", sagt Lena. „Ich auch."

„Meiner ist auf Russisch oder so", sagt Sven. „Jedenfalls versteh ich nichts."

„Ich verstehe auch kein Wort. Aber Russisch ist das nicht. Vielleicht ist es Türkisch. Wir sollten Mehmet anrufen."

Mehmet hat ebenfalls so einen Brief erhalten. Eine halbe Stunde später sitzen die drei Kinder bei Sven und brüten gemeinsam über der geheimnisvollen Botschaft. Schnell sind sie sich einig, dass es sich um eine Geheimschrift handelt.

„Der Buchstabe e kommt normalerweise am häufigsten vor", sagt Mehmet.

„Dann hat jemand e mit e vertauscht", sagt Sven, nachdem er festgestellt hat, dass auch im Brief das e der häufigste Buchstabe ist.

„Warum auch nicht?", fragt Lena.

Sie schreibt das Abc auf ein Blatt. Über das e schreibt sie ein e. Jetzt haben sie

einen Buchstaben von 26. Wie sollen sie weitermachen? Gibt es ein System?

„Seht mal“, sagt Mehmet, „immer wieder kommt gb vor. Das heißt bestimmt pf oder ch oder st.“

„Was denn nun?“, fragt Lena.

„Ich bin für ch“, sagt Sven.

Lena schreibt g über c und b über h. Mehmet ersetzt die Buchstaben derweil in seinem Brief.

Sven stöhnt. „Erst drei Buchstaben. Das lösen wir nie."

Plötzlich hellt sich Lenas Miene auf. „Ich hab's! Alle Selbstlaute bleiben gleich, und die Mitlaute sind um vier Stellen nach hinten verschoben."

Ihr Vorschlag wird sofort überprüft. Beim c stimmt Lenas Idee. Aber schon beim h passt sie nicht mehr.

„Das letzte Wort ist bestimmt ein Name", sagt Sven. „Wen kennen wir mit drei Buchstaben?"

„Ofu, Ofu“, sagt Mehmet nachdenklich. „Ufo!“

„Blödsinn. Ufo ist doch kein Name“, sagt Sven.

„Aber Udo. Der hat am Freitag Geburtstag“, sagt Lena. „Der Brief ist eine Einladung!“ Fieberhaft tragen sie die neuen Buchstaben ein.

„Jetzt haben wir c, d und e. Drei Buchstaben in Folge. Die entsprechenden Buchstaben sind g, f, e“, sagt Lena.

„Mensch, das ist rückwärts!“, ruft Mehmet.

„Ja, los, schreib auf", sagt Sven zu Lena. „Fang mit e, f, g an, und schreib alle Buchstaben rückwärts übers Alphabet."

Eigentlich funktioniert die Geheimschrift ganz einfach: Das Alphabet wurde umgedreht und dann um neun Stellen nach rechts verschoben. Jetzt ist der Text schnell entschlüsselt:

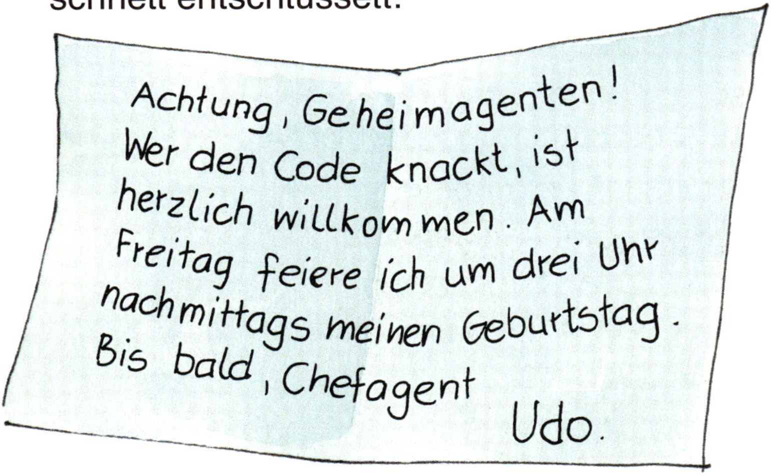

Nachdem sie ihren Erfolg bejubelt haben, meint Sven: „Ich finde, wir sollten Udo auch eine Nuss zu knacken geben."

„Wie wär's, wenn wir versuchen herauszufinden, wen Udo noch eingeladen hat?",

schlägt Mehmet vor. „Dann kommen wir alle absichtlich zu spät und lassen Udo ein bisschen zappeln."

„Spätestens gegen halb vier hängt Chefagent Udo schluchzend über seiner Torte", sagt Lena und bricht vor Lachen fast zusammen.

Sven führt den Plan zu Ende. „Und dann klingeln wir und lassen die Fete doch noch steigen."

Mehmet reibt sich die Hände. „Chefagent Udo wird sich wundern."

Udos Geheimcode steht auf Seite 117.

Drei Brüder

Fassungslos kommt Sonja aus der Bank. Sie ist bestohlen worden. In ihrem Sparschwein ist nicht mehr als ein kümmerliches Häufchen Kleingeld gewesen. Wo waren die Scheine von Oma und Opa? Und die von Onkel Ulli? Alles zusammen hätte einen viel größeren

Betrag ergeben müssen. Sonja begreift die Welt nicht mehr. Und wegen so einem Kleckerbetrag ist sie extra zur Bank gelaufen. Einer ihrer Brüder muss das Sparschwein heimlich geplündert haben. Zu Hause legt sie sich einen Plan zurecht. Beim Abendbrot meint Sonja beiläufig: „In meinem Sparschwein war ja leider nicht so viel drin.“

Ganz plötzlich widmen ihre Brüder ihre ganze Aufmerksamkeit den Vesperbroten. Seltsam. Haben etwa alle drei ein schlechtes Gewissen?

Sonja lässt sich nichts anmerken. Sie schreibt drei Briefe. Einen an den lieben Andi, einen an den lieben Wolfi und einen an den lieben Benni:

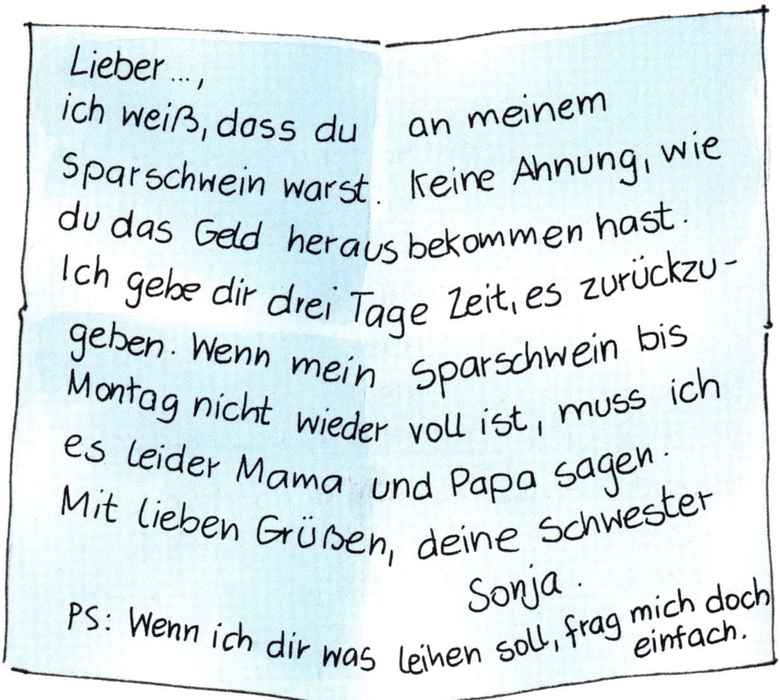
Lieber …,
ich weiß, dass du an meinem Sparschwein warst. Keine Ahnung, wie du das Geld herausbekommen hast. Ich gebe dir drei Tage Zeit, es zurückzugeben. Wenn mein Sparschwein bis Montag nicht wieder voll ist, muss ich es leider Mama und Papa sagen.
Mit lieben Grüßen, deine Schwester
Sonja.
PS: Wenn ich dir was leihen soll, frag mich doch einfach.

Den ersten Brief schiebt sie unter Andis Tür durch, den zweiten unter Wolfis und den dritten unter Bennis.

Am nächsten Tag herrscht Leben in der Bude. Mama und Papa wundern sich, was in ihre Söhne gefahren ist. Alle drei fragen, ob es nicht irgendwelche Arbeiten zu erledigen gibt. Gegen eine kleine Aufbesserung des Taschengeldes, versteht sich. Andi mäht den Rasen, Benni putzt das Auto, Wolfi bietet Mama sogar an zu bügeln. Bei so viel Eifer ist das ganze Haus bald so ordentlich wie lange nicht mehr. Papa zieht sich mit einem dicken Buch in seinen Sonnenstuhl zurück und genießt seine Freizeit. Mama fragt ihre Söhne, ob sie in der Schule erpresst würden oder ob sie Geld verwettet hätten.

Am Sonntag sind Andi, Wolfi und Benni begeistert, dass sie mit zu Oma und Opa sollen. Sonst gibt es vor solchen Besuchen immer großes Gemaule. In der Stadtwohnung der Großeltern ist es nämlich meist ziemlich langweilig. Heute hoffen die Brüder allerdings, den einen oder anderen Geldbetrag schnorren zu können. Langweilig wird der Nachmittag trotzdem.

Bevor Sonja am Sonntagabend zu Bett geht, schüttelt sie ihr Sparschwein. Immer noch leer. Wie soll sie reagieren, wenn ihre Brüder die gesetzte Frist verstreichen lassen? Sie will sie nicht verpetzen.

Sonja weiß nicht, wie lange sie geschlafen hat, als sie noch einmal wach wird. Jemand tapst im Dunkeln durch ihr Zimmer. Sie kann nicht erkennen, welcher Bruder es ist. Er nestelt an ihrem Sparschwein herum.

Kaum ist er draußen, schleicht der nächste herein. Diesmal hört es Sonja sechsmal klicken. Bevor sie Gelegenheit hat, aus dem Bett zu steigen und das Sparschwein zu schütteln, geht erneut die Tür auf.

Diesmal erkennt sie Benni. Tollpatschig wie er ist, stolpert ihr jüngster Bruder über ihre Schultasche. Dann macht es wieder einige Male „klick", und Benni schleicht hinaus.

Am nächsten Morgen muss Sonja erst zur zweiten Stunde los und hat sogar Zeit, vor der Schule zur Bank zu gehen.

Die Kassiererin lächelt freundlich. „Mal sehen, ob du heute mehr Glück hast.“ Die Kassiererin zählt das Geld und schreibt eine stattliche Summe ins Sparbuch.

„Hier ist noch was für dich“, sagt sie und schiebt Sonja drei zusammengefaltete Zettel hin.

Auf dem ersten steht:

Liebe Sonja, tut mir Leid. Das nächste Mal frage ich, Benni.

Auf dem zweiten heißt es:

Okay, das nächste Mal frage ich, tut mir Leid, Wolfi.

Und auf dem dritten:

Entschuldige, ich war letzte Woche knapp bei Kasse. Wollte es zurückgeben, ohne dass du was merkst. Ein Fünfer fehlt noch. Den bekommst du, sobald ich ihn habe. Versprochen! Andi.

Mit den Geständnissen hat Sonja nicht gerechnet. Aber wie es scheint, kann sie sich auf ihre Brüder doch verlassen.

Der Autodieb

Ole schreckt hoch. Im ersten Moment weiß er nicht, wo er ist. Ein gelblicher Lichtkeil fällt durchs Moskitofenster ins Zelt. Ach ja, Frankreich, Campingplatz.

Urlaub mit Mama, Papa, Lotta und ihren Eltern. Lotta liegt neben ihm in ihrem Schlafsack. Sie schläft tief und fest. Ole lauscht. Nur die Grillen zirpen vor dem Zelt. Sonst nichts. Doch! Da ist es wieder. Es schleicht jemand ums Zelt. Eindeutig. Ole rüttelt an Lottas Arm.

„Lotta“, flüstert er.

„Was ist?“ Lotta dreht sich zu Ole.

„Draußen schleicht jemand herum“, flüstert Ole.

„Da wird jemand aufs Klo müssen“, sagt Lotta.

Ole lauscht. Das Zirpen der Grillen. Dann wieder Schritte. Ole wagt nicht, sich zu bewegen. „Hörst du?“, raunt er.

Doch Lotta schläft bereits wieder fest.

„Lotta, wach auf. Da macht jemand am Auto herum.“

Lotta reibt sich die Augen. Sie setzt sich auf und lauscht ebenfalls in die Nacht. Tatsächlich. Ein Schlüsselbund klimpert. Eine Autotür quietscht.

„Wir müssen nachsehen", flüstert Ole.

Im Lichtkeil sieht Ole Lottas erschrockenen Blick. Einen Moment später stimmt sie nickend zu und tastet nach ihrer Taschenlampe. Ole zieht den Reißverschluss des Zeltes nach oben. Millimeter um Millimeter. Das leise Klicken kommt ihm vor wie ein Trommelwirbel.

Lotta kriecht zur Öffnung.

„Da will einer unser altes Auto klauen“, flüstert sie.

Ole legt sich neben Lotta. Schweigend beobachten sie die Person, die sich am Handschuhfach zu schaffen macht.

Plötzlich steht Lotta auf.
„Was hast du vor?“, fragt Ole flüsternd.
„Ich sag Papa und Mama Bescheid.“
„Du willst da raus? Spinnst du? Wenn der gefährlich ist?“
„Weißt du was Besseres?“
„Wir können um Hilfe rufen.“
„Und hier in der Falle sitzen? Da bin ich lieber draußen. Wenn es sein muss, renne ich zum Klo und schließe mich ein.“
„Ich weiß ja nicht“, sagt Ole.
Lotta kauert sich wieder neben ihn. „Wo steckt er denn?“
„Keine Ahnung. Vielleicht hat er gefunden, was er wollte.“ Lotta schiebt den Reißverschluss noch ein wenig höher. Plötzlich zuckt sie zusammen. Die dunkle Gestalt im Auto ist wieder aufgetaucht. Sie rückt den Fahrersitz zurecht und stellt den Rückspiegel ein. Sie greift über die Schulter nach dem Sicherheitsgurt. Ole und Lotta hören das Klicken des Gurtverschlusses bis ins Zelt.

„Der will tatsächlich eure alte Schleuder klauen“, raunt Ole.

„Los, raus hier“, sagt Lotta. „Wir können doch nicht zusehen, wie einer unser Auto klaut.“

Ole nickt. Trotzdem hat er Angst. Wenn das nun ein übler Bursche ist? Vielleicht hat er eine Waffe. Oder er nimmt Lotta und ihn als Geiseln mit. Na dann lieber tschüss, du alte Blechkiste. Die Autotür klappt zu. Der Motor startet, die Scheinwerfer gehen an. Im selben Moment

schnellt Lotta hoch. Sie macht den Reißverschluss auf und stürmt nach draußen.

„Lotta!“, ruft Ole. Er versucht, sie festzuhalten. Doch sie ist schneller.

Ole springt auf und jagt hinter ihr her. Nicht, weil er ein Held ist. Er will nicht allein zurückbleiben.

„Mama!“, brüllt Lotta. „Komm! Papa wandelt wieder mal im Schlaf!“

Inzwischen hat auch Ole kapiert, was los ist. Er rennt zum Auto und versucht, die Fahrertür zu öffnen. Der Wagen setzt ein Stück zurück und hält wieder an. Plötzlich surren überall Reißverschlüsse. Wohnwagentüren werden aufgerissen, Lichter gehen an.

Lottas Papa sitzt im Auto und bekommt nichts mit. Lottas Mama steckt ihren Autoschlüssel ins Schloss der Beifahrertür. Ihr Mann legt soeben den ersten Gang ein. Lottas Mama reißt die Beifahrertür auf und hechtet ins Auto. Sie dreht den Zündschlüssel um.

Der Spuk ist vorüber. Ole öffnet die Fahrertür. Langsam kommt Lottas Papa zu sich.

„Was ist denn los?“, fragt er.

„Ach, nichts“, antwortet Ole. „Sie wollten nur Ihr eigenes Auto klauen.“

Geklaut? Gefunden? Geschenkt?

Antonia hat neben einer überfüllten Mülltonne eine Kamera gefunden. Sie ist so gut wie neu. Nur ein bisschen schmutzig. Antonia wischt sie sauber, blickt durch den Sucher und drückt den Auslöser. Die Kamera funktioniert tadellos. Antonia will sie zum Fundamt bringen. Natürlich hofft sie, dass die Kamera ein Jahr lang nicht abgeholt wird. Dann darf sie ihren Fund nämlich behalten.

Unterwegs macht Antonia noch mehr Bilder. Plötzlich beginnt die Kamera zu surren. Das Zählwerk zählt rückwärts bis null. Der Film ist voll. Auf dem Weg zum Fundamt kommt Antonia am Fotoladen von Sinas Eltern vorbei. Sina geht in die Parallelklasse. Im Schaufenster des Fotoladens hängt ein Plakat:

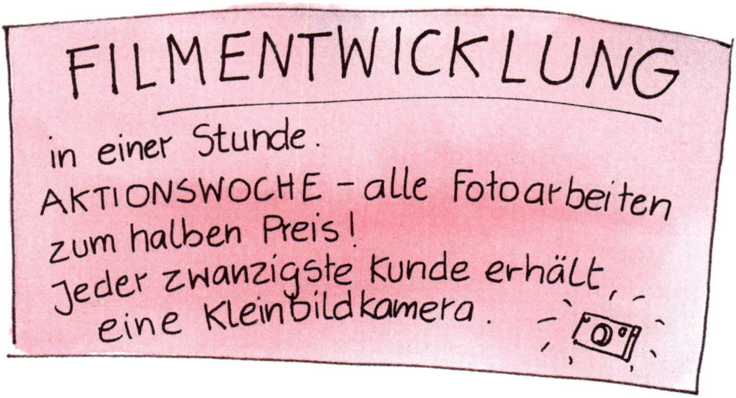

Antonia überlegt. Ihr Geld würde reichen, um den Film zu entwickeln. Wenn sie anhand der Bilder herausfindet, wem die Kamera gehört, bekommt sie bestimmt das Geld für die Fotos wieder. Mit ein bisschen Glück gewinnt sie eine der

Kameras. Dann braucht sie nicht ein Jahr lang zu warten. Im Laden wird Antonia von Sinas Mutter bedient.

„Können Sie bitte den Film rausmachen?“, fragt Antonia. „Ich weiß nicht, wie das geht.“

„Hast du die Kamera von uns?“, fragt Sinas Mutter. „Genau die gleichen verteilen wir als Werbegeschenke.“

Antonia schüttelt zögernd den Kopf.

„Die Bilder sind in einer Stunde fertig“, sagt Sinas Mutter.

Antonia läuft nach Hause, um Geld zu holen. Nach nicht einmal einer halben Stunde ist sie zurück.

„So schnell geht es dann auch wieder nicht“, sagt Sinas Mutter. „Ich lege deinen Film gerade erst in die Maschine.“

„Macht nichts, ich hab Zeit“, sagt Antonia. Sie stellt sich an den Schacht der Foto-Blitz-Maschine und wartet auf die Bilder. Im selben Moment stürzt Sina in den Laden.

FOTO
BLITZ

„Mama, mein Film ist voll“, sagt sie atemlos. „Kannst du ihn gleich entwickeln?“ Sie legt eine Kamera auf den Tisch.

„Kundenaufträge gehen vor“, sagt Sinas Mutter.

„Hallo, Antonia“, sagt Sina.

„Hast du diesmal besser aufgepasst?“, wird Sina von ihrer Mutter gefragt.

„Ich hab sie keine Sekunde aus den Augen gelassen, Mama“, sagt Sina. Sie stellt sich neben Antonia. Die Maschine spuckt bereits die ersten Bilder aus.

„Tolle Maschine, was?“, sagt Sina.
Antonia nickt.

„Du sollst nicht immer die Bilder unserer Kunden anschauen“, sagt Sinas Mutter.

„Das sind doch schon meine Bilder“, erwidert Sina.

„Unsinn, ich hab deinen Film noch in der Hand“, sagt Sinas Mutter.

„Mama!“, ruft Sina. „Das sind die Bilder vom Schulausflug. Hier steigen alle in den Bus, und da kommt mein erstes Bild vom Zoo, die Pinguine ...“

Sinas Mutter schaut den beiden Mädchen über die Schultern. „Du meinst, es sind die Bilder aus deiner geklauten Kamera?“

Antonia schluckt. „Geklaut?“, fragt sie erschrocken. Sie blickt zwischen Sina und ihrer Mutter hin und her. „Aber – ich hab sie doch ...“

„Mama, ruf die Polizei“, sagt Sina. „Dann können sie den Dieb verhaften, wenn er die Bilder abholt.“

Polizei? Den Dieb verhaften? Antonias Beine werden weich. Wie soll sie beweisen, dass sie die Kamera gefunden hat?

„Antonia, was hast du denn?“, fragt Sinas Mutter. „Hol einen Stuhl, Sina.“

Sina schiebt Antonia einen Stuhl in die Kniekehlen.

„Was hat sie, Mama?“, fragt Sina.

„Antonia hat diesen Film zum Entwickeln gebracht.“

Sina tritt einen Schritt zurück. „Echt? Wo hast du ihn her?“

„Ich hab die Kamera nicht geklaut“, versichert Antonia. „Sie lag neben einer Mülltonne und war voller Bananenmatsch.“

Aktionswoche

Sinas Mutter legt Antonia eine Hand auf die Schulter. „Keine Angst, du wirst nicht verdächtigt. Der Dieb war ein großer Junge. Die Kinder haben ihn durch den halben Zoo verfolgt, bis sie ihn aus den Augen verloren haben."

„Mama, gibt es noch Werbekameras?", fragt Sina.

Sinas Mutter weiß, worauf ihre Tochter hinauswill. „Heute jagt ein Zufall den anderen", sagt sie augenzwinkernd. Sie holt eine neue Kamera aus dem Regal. „Antonia ist tatsächlich eine zwanzigste Kundin."

Verstopfte Spürnase

Seit Tagen wird die Klasse 2b von fürchterlichem Gestank geplagt. Lüften bringt nicht viel. Kaum sind die Fenster wieder geschlossen, fängt es erneut an zu müffeln.

„Mir reicht's", sagt Herr Lück. „Wir werden der Sache mit kriminalistischem Scharfsinn zu Leibe rücken. Ein Fünfer für die Klassenkasse, wenn ihr das stinkende Objekt aufspürt."

„Vielleicht liegt irgendwo ein toter Vogel", sagt Karol.

„Iih!“, rufen alle.

„Oder eine tote Maus im Schrank?“, meint Dorit.

„Uach“, ertönt der Klassenchor.

Auch Herr Lück verzieht das Gesicht. „Ich erhöhe die Belohnung auf einen Zehner, Kinder. Nasen auf und los.“

„Ich hab Schnupfen“, sagt Tom.

„Hm“, macht der Lehrer. „Pech, eine Spürnase weniger. Aber mit deiner

Erkältung hättest du sowieso lieber noch ein paar Tage zu Hause bleiben sollen."

„Ich wollte nichts verpassen", näselt Tom.

„Ich weiß ja nicht", sagt der Lehrer zweifelnd. „Aber was ist denn, Kinder? Ihr sucht ja noch gar nicht."

Die Kinder heben die Nasen. Der Lehrer steuert das Waschbecken an und schnuppert am Abflussrohr. Nichts. Er hält die Nase über den Mülleimer. Auch nichts.

Alle schnüffeln kreuz und quer durchs Klassenzimmer. Selbst die ausgestopfte Eule und der präparierte Karpfen im Schrank werden verdächtigt, den Gestank zu verströmen.

Tom bleibt sitzen. Er überprüft nur die Ablage unter seinem Tisch. Dort findet er sein Lineal, das er seit einer Woche vermisst. Moment mal – das Lineal! Plötzlich fällt Tom alles wieder ein.

Er erinnert sich an den Tag, an dem er sich gleich nach der Schule ins Bett legte. Er fühlte sich wie eine zu heiß gewaschene Wollsocke. Während die anderen Kinder nach der großen Pause noch im Klassenzimmer tobten, hockte Tom am Platz und betrachtete lustlos sein Pausenbrot. Obwohl es mit seinem Lieblingskäse belegt war, wickelte er es wieder ein und legte es auf den Tisch.

Plötzlich stolperte Sebastian auf Tom zu. Sebastian suchte Halt, erwischte aber nur Toms Lineal, das zur Hälfte über den

Tisch ragte. Auf dem anderen Ende des Lineals lag Toms Pausenbrot. Das Lineal schnellte in die Luft. Fasziniert verfolgte Tom die Flugbahn des Pausenbrotes. Mit mehreren Salti sauste es durchs Klassenzimmer. Sebastian donnerte mit dem Kopf gegen das Tischbein. Erst unter Mithilfe eines nassen Schwamms kam er wieder auf die Beine. Das fliegende Käsebrot ging im Trubel um Sebastian vollkommen unter.

Während Tom sich an die Käseflugstunde der letzten Woche erinnert, beginnt seine Nase erneut zu kitzeln, und schon entfährt ihm ein brüllender Nieser.

Der Lehrer unterbricht die Spurensuche. „Willst du nicht doch lieber nach Hause gehen, Tom?“

„Gern“, sagt Tom hinter seinem Taschentuch hervor. „War aber trotzdem ganz gut, dass ich heute zur Schule gekommen bin.“

„Ich weiß ja nicht“, erwidert Herr Lück zweifelnd.

„Doch, wirklich“, sagt Tom.

Er geht zur Wandtafel und zieht sie nach unten. Er steigt auf einen Stuhl und beugt sich über den oberen Tafelrand. Tom zappelt mit den Beinen und kommt wieder in ganzer Größe zum Vorschein. Zwischen

Daumen und Zeigefinger seiner rechten Hand hält er ein schmuddeliges Päckchen.

„Was ist das denn Entsetzliches?“, fragt der Lehrer.

„Mein Pausenbrot von letzter Woche. Der Käse ist inzwischen wohl ein bisschen überreif. Aber ich rieche ja nichts."

„Und wie ist das Brot hinter die Tafel geraten?", fragt der Lehrer angewidert.

„Na ja – zuerst lag das Brot auf meinem Lineal", erklärt Tom. „Dann kam Sebastian und ..." Erneut fängt seine Nase an, ganz entsetzlich zu jucken. Tom winkt ab. „Tut mir Leid, geht nicht. Ich erzähl es später."

Er verlässt das Klassenzimmer und schließt hinter sich die Tür. Er zieht die Oberlippe hoch, atmet durch den geöffneten Mund tief ein, seine Augen fangen an zu jucken, dann beginnen sie zu tränen. Einen Moment später dröhnen sieben Nieser durchs Treppenhaus.

Daktyloskopie

Die Köchin des Landschulheims war sauer. Am Tag zuvor hatte sie bis in den Abend hinein zwanzig Hühnerkeulen und zwanzig Fleischklopse für ein Picknick vorbereitet. Am Morgen lagen nur noch fünf Keulen und vier Klopse im Kühlschrank.

„Trockenes Brot könnt ihr mitnehmen“, sagte die Köchin. „Dass bloß keiner denkt, ich würde so etwas noch einmal machen.“

„Ich kann Ihren Ärger verstehen, Elfriede“, sagte die Lehrerin. „Wer auch immer den Kühlschrank geplündert hat, ich möchte mich im Namen aller Kinder bei Ihnen entschuldigen."

„Sperrt den Hund weg. Ich will ihn nicht mehr sehen", sagte Elfriede.

„Wolle war es bestimmt nicht." Max kniete nieder und kraulte seinen Hund.

„Aber wer sollte die Keulen und Klopse sonst gefressen haben?", fragte die Lehrerin, als Elfriede draußen war.

„Das krieg ich raus", sagte Max.

Max fragte Herrn Horn, den Leiter des Heims, ob er breites, durchsichtiges Klebeband, eine Leselupe, ein Stempelkissen und mehrere Bögen Papier haben könnte. Nur mit Grafitstaub konnte Herr Horn nicht dienen. Deshalb bat Max die Lehrerin um ihren Schminkpuder.

„Ich hab doch gesagt, ich will ihn nicht mehr sehen", sagte Elfriede, als Max mit Wolle in die Küche zurückkehrte.

„Elfriede, er war es nicht", beharrte Max. „Wie soll er denn den Kühlschrank aufgemacht haben?"

Wolle legte den Kopf schräg und wedelte mit dem Schwanz.

„Wer war es dann?“, fragte die Köchin.

Max legte die mitgebrachten Sachen auf die Anrichte.

„Was soll das denn jetzt werden?“, fragte Elfriede.

„Daktyloskopie“, sagte Max.

„Dackel- was?“, fragte Elfriede.

„Daktyloskopie – mein Hobby. Ich nehme Fingerabdrücke“, antwortete Max. „Wann haben Sie das letzte Mal geputzt?“

„Gestern Abend. Ich wische jeden Abend. Das gehört sich so in einer sauberen Küche.“

„Wunderbar“, sagte Max. Er trug den roten Staub, den man sonst auf den Wangen der Lehrerin bewundern konnte, mit dem Puderpinsel auf dem Kühlschrank auf.

„Donnerwetter“, sagte Elfriede. Schon jetzt war deutlich ein Fingerabdruck neben dem anderen zu erkennen.

Max pinselte weiter und staubte auch die Kante der Anrichte ein. Er nahm das breite Klebeband, schnitt mehrere etwa zehn Zentimeter lange Streifen ab, pustete über die eingestaubten Abdrücke und klebte sie ab. Er zog die Streifen wieder ab und klebte sie auf die Papierbögen.

„Faszinierend“, sagte Elfriede, die ihm während der ganzen Zeit über die Schulter gesehen hatte.

Max griff nach der Lupe, um die Früchte seiner Arbeit zu untersuchen. „Ups“, entfuhr es ihm plötzlich.

„Was denn?“, fragte Elfriede.

„Ähm – ach, nichts“, antwortete er. Er hatte unter den vielen Abdrücken leider auch den einer Hundepfote entdeckt.

Etwas später bestellte Max alle Kinder in den Speiseraum. Die meisten fanden es lustig, dass sie auf dem Stempelkissen ihre Fingerkuppen schwärzen sollten. Ein paar versuchten, sich zu drücken. Aber die Lehrerin sorgte dafür, dass alle mitmachten. Elfriede gab ihre Abdrücke freiwillig und forderte ihren Chef auf, ebenfalls an der kriminalistischen Untersuchung teilzunehmen.

„Aber ich habe doch nachher eine Besprechung. Da kann ich nicht mit blauen Fingern ankommen“, sagte Herr Horn.

Elfriede duldete keine Widerrede. Nicht einmal von ihrem Chef. Max fing an, die Abdrücke zu vergleichen. Immer wieder nickte er stumm und machte sich Notizen. Schließlich stand er auf und räusperte sich.

„Ich werde keine Namen nennen", sagte er. „Von den dreiundzwanzig Personen, die sich hier im Raum befinden, waren fünfzehn am Kühlschrank." Max stieß einen Seufzer aus. Er sah zu seinem Hund, der brav zu seinen Füßen saß. „Leider sind auf der Anrichte auch Abdrücke von Wolle."

Herr Horn räusperte sich. „Bevor es einen Unschuldigen trifft, ähm – Elfriede – entschuldige – ich war auch am Kühlschrank."

Max nickte. Natürlich hatte er den Abdruck des Leiters entdeckt. Elfriede klappte vor Empörung der Unterkiefer herunter. „Plötzlich kam Wolle in die Küche", setzte ihr Chef sein Geständnis fort. „Ich habe mich erschrocken und ließ einen Fleischklops fallen. Schwups, war der freche Kerl auf der Anrichte und der Fleischklops verschwunden."

„Mein eigener Chef", sagte Elfriede. „Ich fass es nicht." Sie betrachtete ihn mit

strenger Miene. Die Kinder lachten. Sogar die Ertappten. „Bei Fuß, Wolle“, sagte Elfriede und verschwand in Richtung Küche.

Mit flehendem Blick sah Wolle zu Max. „Ja, los, geh schon“, gab Max seinem Hund die Erlaubnis.

Schon jagte er hinter Elfriede her, um sich den Fleischklops zu holen, den sie ihm als Entschuldigung spendierte.

Manfred Mai, 1949 in Winterlingen geboren, wuchs auf einem Bauernhof auf. Als Kind machte er sich nichts aus Büchern und hatte mit Schule auch nicht allzu viel im Sinn. Nach dem Schulabschluss begann er eine Malerlehre und arbeitete später auch in einer Fabrik. Aber so recht glücklich war er dabei nicht. Er wurde immer unzufriedener und ging auf die Suche nach Neuem. In dieser Zeit entdeckte er, dass Bücher etwas Tolles sind. Er las und lernte viel, wurde Lehrer und schließlich Schriftsteller. Heute lebt Manfred Mai mit seiner Frau und zwei Töchtern im schönen Schwabenländle.

Wilfried Gebhard studierte an der grafischen Fachschule und der Staatlichen Akademie der bildenden Künste in Stuttgart und arbeitete zunächst in der Werbung. Später ist er dann zum Cartoon und zur Illustration gekommen. Wilfried Gebhard ist fürs Kinderfernsehen tätig (Siebenstein) und hat bereits zahlreiche Cartoon- und Kinderbücher veröffentlicht.

Werner Färber wurde 1957 in Wassertrüdingen geboren. Er studierte Anglistik und Sport in Freiburg und Hamburg und unterrichtete anschließend an einer Schule in Schottland. Seit 1985 arbeitet er als freier Übersetzer und schreibt Kinderbücher.

Dorothea Tust, 1956 geboren, studierte Grafik-Design mit dem Schwerpunkt Illustration. Seit 1980 ist sie freiberuflich als Illustratorin für verschiedene Verlage tätig. Sie arbeitet außerdem an Trickfilmprojekten und hat schon über 50 Bildergeschichten für „Die Sendung mit der Maus“ gemacht.

Geheimcode:

a b c d e f g h i j k l m n o p q r s t u v w x y z

i h g f e d c b a z y x w v u t s r q p o n m l k j